Vente après décès

De M. AUTIER DE CAUVRY

Important Mobilier

ANCIEN ET MODERNE

TABLEAUX ANCIENS ET MODERNES

FAIENCES ET PORCELAINES

BIJOUX, ARGENTERIE, OBJETS DIVERS EUROPÉENS ET DE L'EXTRÊME-ORIENT

TAPISSERIES

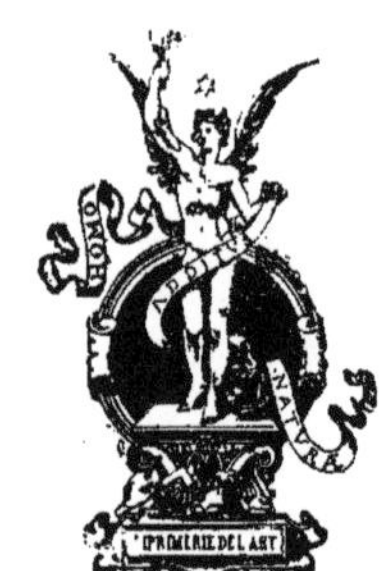

Vente après décès de M. AUTIER de CAUVRY

Par suite d'acceptation bénéficiaire

IMPORTANT MOBILIER

ANCIEN ET MODERNE

TABLEAUX ANCIENS ET MODERNES

FAIENCES ET PORCELAINES DIVERSES

DE MARSEILLE, MOUSTIERS, NEVERS, ROUEN, STRASBOURG,
HAGUENAU, SCEAUX, LUNÉVILLE, NIDERVILLERS, D'APREY, DE SINCENY, DELFT,
CASTELLI, HISPANO-ARABE.

SÈVRES, SAINT-CLOUD, CHANTILLY, LOCRÉ, MENNECY, D'APREY, NIDERVILLERS,
D'ORLÉANS, DE BOISSETTE, DE SAXE, LOUISBOURG,
FRANKENTHAL, FURSTENBERG, MAYENCE, ZURICH, WEGDWOOD, NAPLES,
CHINE, JAPON, COMPAGNIE DES INDES.

BRONZES D'ART ET D'AMEUBLEMENT, PENDULES

IMPORTANTE GARNITURE DE CHEMINÉE EN ARGENT

Exécutée par la Maison « Fannières, frères »

SIÈGES ANCIENS ET MODERNES RECOUVERTS DE TAPISSERIES

TAPISSERIES ANCIENNES

OBJETS DIVERS EUROPÉENS ET DE L'EXTRÊME-ORIENT

Bijoux, Argenterie

ÉTOFFES — DENTELLES — TENTURES — TAPIS

LIVRES

HOTEL DROUOT, SALLE N° 6

Les Lundi 4, Mardi 5, Mercredi 6, Jeudi 7 et Vendredi 8 Mai 1903

à deux heures

COMMISSAIRE-PRISEUR

Me JULIEN MALLET

16, rue Sainte-Cécile, 16

EXPERTS

MM. PAULME et LASQUIN FILS

10, rue Chauchat — Téléph. 259-63

12, rue Laffitte — Téléph. 317-74

Chez lesquels se distribue le présent Catalogue

EXPOSITION PUBLIQUE

Le Dimanche 3 Mai 1903, Salle n° 6, de 1 heure 1/2 à 5 heures 1/2

CONDITIONS DE LA VENTE

Elle sera faite au comptant.

Les acquéreurs paieront *dix pour cent* en sus des prix d'adjudication.

L'Exposition mettant le public à même de se rendre compte de l'état et de la nature des objets, il ne sera admis aucune réclamation une fois l'adjudication prononcée.

Paris. — Imprimerie de l'Art, E. Moreau et Cie, 41, rue de la Victoire.

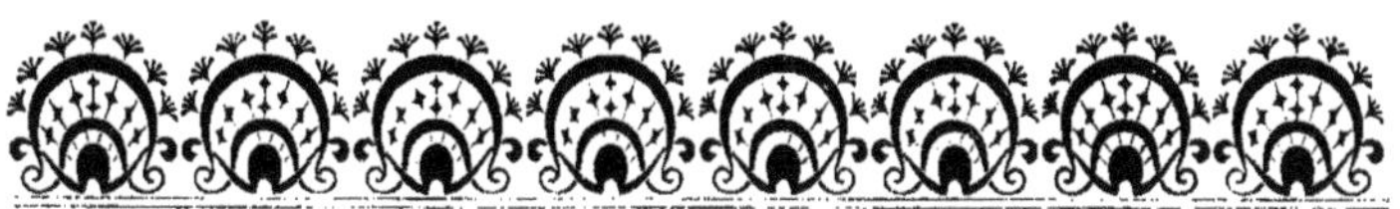

DÉSIGNATION

TABLEAUX, MINIATURES
DESSINS, GRAVURES

ALLONGÉ

1 — *Bords d'un étang.*

Important dessin au crayon. Signé et daté 1875.

Haut., 52 cent.; larg., 90 cent.

DAVID (D'après)

2 — *Serment du Jeu de Paume.*

Gravé par *Jazet.*
Épreuve avant la lettre.

DIEN (L.-F. Achille)
(Né à Paris en 1832)

3 — *Deux Paysages au pastel.*

Se faisant pendant et signés.

Toiles. Haut., 28 cent.; larg., 44 cent.

MIGNARD (Genre de)

4 — *Portrait de Femme assise, prenant une fleur sur un plateau que lui offre un nègre.*

Cadre en bois sculpté.

MONNOYER (Baptiste)

(deux pendants)

5 — *Bouquet de fleurs dans un vase.*

Fond de paysage.

Cadres anciens en bois sculpté.

Haut., 59 cent.; larg., 49 cent.

MONNOYER (Baptiste)

6 — *Deux petits tableaux de fleurs.*

MONNOYER (Baptiste)

7 — *Vase enguirlandé de fleurs.*

Encadrement en bois sculpté de l'époque Louis XIV.

NOEL (G.)

8 — *Vue du Grand Canal, à Venise.*

Aquarelle rehaussée de gouache.

Signée : *G. Noël.*

RAOUX (Genre de)

9 — *Portrait de Jeune Femme.*

Cadre en bois sculpté.

WANERCK (J.-M.)

(deux pendants)

10 — *Bouquet de fleurs dans un vase posé sur une console.*

Toile. Haut., 82 cent.; larg., 1 m. 20 cent.

11 — *Petit portrait de Femme.*

Peinture de l'époque Louis XIII.

ÉCOLE ALLEMANDE

12 — *Portrait d'Homme en cuirasse, du XVIe siècle.*

ÉCOLE FRANÇAISE (XVIIIe siècle)

13 — *Petit portrait de Femme, Louis XV, de forme ovale.*

14 — *Deux petits portraits de Femmes, ovales.*

ÉCOLE FRANÇAISE (XVIIIe siècle)

15 — *Petit portrait de Femme, de forme ovale.*

Dessin au crayon rehaussé de blanc.

16 — *Petit portrait d'Homme en habit bleu.*

Pastel de forme ovale.

17 — *Portrait de Femme.*

ÉCOLE FRANÇAISE

18 — *Deux portraits d'Hommes en cuirasse, et un portrait de Femme.*

ÉCOLE FRANÇAISE

19 — *Deux portraits d'Homme et de Femme, époque Louis XIV.*

ÉCOLE FRANÇAISE

20 — *Petit dessin de forme ovale.*

Dans un cadre Louis XVI en bois sculpté.

21 — *Ruines à Rome.*

Gouache.

ÉCOLE ITALIENNE

22 — *La Sainte Famille.*

Peinture sur cuivre, du XVIe siècle.

Haut., 63 cent.; larg., 54 cent.

ÉCOLE ESPAGNOLE

23 — *Sujet religieux.*

24 — Tableaux anciens : Sujets religieux.

25 — Album, souvenir de Coucy, dessins lithographiés de Lépinois.

26 — Gravures anciennes : Portraits de Louis de Boulogne, de Boileau, Hyacinthe Rigaud, Louis Pécourt, Catherine Mignard, Louise-Adélaïde d'Orléans, par *Drevet*, *Chereau*, *Daullé*, etc.

27 — Trois gravures : sujets de chasses, par Ridinger.

28 — Quatorze petites gravures encadrées.

29 — Deux portefeuilles contenant des lithographies de Charlet, Gavarni, Carle Vernet, Géricault, Raffet.

30 — Lot de gravures et lithographies encadrées.

31 — Miniature ronde : portrait de Femme, Louis XVI.

32 — Minatures à fond d'or : sujets religieux, sertis sous glace. Époque Louis XIII.

33 — Deux miniatures de forme ovale : portraits d'Homme et de Femme, de l'époque Louis XVI.

34 — Miniature : portrait de Moine, dans un cadre ovale en bois sculpté.

35 — Cadre en bois, contenant vingt-quatre miniatures d'empereurs, rois, reines et princes indiens.

36 — Tableaux et dessins omis au catalogue, par Allongé, Karl Robert, etc., etc.

BIJOUX, ARGENTERIE ET PLAQUÉ

37 — Parure composée d'une broche forme feuillage, ornée de neuf brillants et de roses; deux boutons d'oreilles, ornés de six brillants, et d'une bague en or, ornée de sept brillants.

38 — Bracelet en or, forme porte-bonheur à entrelacs et ruban en or, émaillé bleu, orné de neuf perles.

39 — Quatre bagues en or, ornées de cachets et de mosaïques.

40 — Deux bagues en or, ornées : l'une de trois brillants, l'autre de trois strass; une bague en argent formant cachet.

41 — Chaîne sautoir en argent, une chaîne de montre en argent, quatre boucles de corsage en argent et argent doré.

42 — Broche formée de deux palmes en argent.

43 — Cinq broches et une épingle de cravate en or, ornées de pierres de couleur; camées, cachets et une broche feuille de trèfle en argent.

44 — Paire de boucles d'oreilles pendentifs en argent, ornées de pierres vertes.

45 — Montre en or à remontoir.

46 — Deux montres en or.

47 — Montre ancienne en argent.

48 — Chaîne et médaillon pendentif en or filigrane.

49 — Chaîne de montre en or avec breloque.

50 — Broche. Travail espagnol.

51 — Médaillon en or, avec fleurs en mosaïque au centre.

52 — Broche en or, à ramages; au centre, un médaillon représentant deux chiens en mosaïque.

53 — Garniture de chemise en or, figurant des têtes de vis.

54 — Broche formée d'une petite miniature entourée de pierres de couleur.

55 — Un lot de sept pièces : boutons de manchettes, breloques, boucles d'oreilles, et débris en or et en argent.

56 — Bracelet-chaînette, avec motif Louis XV, orné d'un caillou du Rhin.

57 — Deux broches, cailloux du Rhin.

58 — Quatre salières doubles en argent, ornées de guirlandes et d'écussons soutenus par des enfants; garnies de godets bleus. Époque Louis XVI.

59 — Deux moutardiers en argent, de l'époque Louis XVI, ornés de guirlandes et d'écussons, soutenus par des enfants, garnitures de verres bleus.

60 — Plateau en argent gravé, bordure à jour.

61 — Légumier en argent.

62 — Plat creux en argent. Style Louis XV.

63 — Plat ovale en argent.

64 — Plat rond, argent.

65 — Deux plats ronds, argent. Style Louis XV.

66 — Deux plats ronds et un long en argent.

67 — Cafetière en argent.

68 — Grand plat ovale en argent.

69 — Tasse et sa soucoupe en argent.

70 — Saucière en argent.

71 — Douze fourchettes à huître en argent.

72 — Verseuse avec son couvercle en argent.

73 — Manche à gigot en argent.

74 — Cafetière en argent à trois pieds, époque Empire, décor à palmettes.

75 — Huilier en argent en forme de bateau, burettes en verre gravé et doré. Époque Louis XV.

76 — Gobelet en argent époque Louis XIV, décoré de lambrequins gravés.

77 — Sucrier en argent.

78 — Vingt-quatre couteaux à dessert, manche d'argent, dont douze avec lame en argent.

79 — Douze couverts en argent.

80 — Douze couverts à café en argent.

81 — Douze couverts à entremets en argent.

82 — Six couverts à entremets en argent.

83 — Couvert à salade manche en argent guilloché.

84 — Service à hors-d'œuvre en argent guilloché.

85 — Deux poêlons en argent.

86 — Sucrier en argent et cristal taillé.

87 — Moutardier en argent, du temps de l'Empire, en forme de trépied, à cariatides ; verre bleu.

88 — Truelle à poisson, deux cuillères à punch.

89 — Deux cuillères à sucre, passe-thé.

90 — Deux pelles à fruits, pince à sucre, pelle à glace.

91 — Ciseaux à raisins, argent.

92 — Sept pelles à sel et deux cuillères à moutarde, en argent.

93 — Deux pelles à sel, une cuillère à moutarde argent.

94 — Cuillière à entremets, argent.

95 — Service à glace en argent.

96 — Service à découper, manche en argent.

97 — Couvert à découper, manche en argent.

98 — Deux couteaux à fromage, manche en argent.

99 — Douze couteaux à dessert, manche en ébène et lame d'argent.

100 — Cuillère à pot et cuillère à sucre, cuillère en filigrane, argenterie étrangère. (Sera divisé.)

101 — Six coquilles à glace en argent.

102 — Douze grands couverts, argent.

103 — Six couverts à entremets, argent.

104 — Six fourchettes à entremets.

105 — Douze petites cuillères à café en argent.

106 — Cinq brochettes à rognons, métal.

107 — Deux cuillères à pot en argent.

108 — Huit dessous de carafes en argent.

109 — Douze grands couteaux, un couteau à découper, manche en ébène et argent.

110 — Un petit plateau en plaqué et six petits verres à liqueurs en argent.

111 — Deux cache-pots-jardinières en métal argenté, avec anses à mascarons. Époque Louis XIV.

112 — Six dessous de carafe en métal.

113 — Quatre réchauds en plaqué.

FAIENCES DIVERSES

114 — Une soupière avec son couvercle, à deux anses et trois pieds de forme contournée, à décor polychrome et fleurs en relief, en ancienne faïence de Marseille. Le bouton du couvercle est formé d'un chou-fleur, un artichaut et légumes divers.

115 — Une soupière, en forme de chou, avec son plateau, en ancienne faïence de Marseille, décorée au naturel.

116 — Soupière et son couvercle en ancienne faïence de Marseille.

117 — Plat oblong en ancienne faïence de Marseille, décorée de bouquets de fleurs.

118 — Plat hexagonal en ancienne faïence de Marseille, à bord contourné, décor à bouquets de fleurs et insectes.

119 — Deux assiettes en ancienne faïence de Marseille, décor à bouquets de fleurs.

120 — Assiette en ancienne faïence de Marseille, décorée au centre d'un papillon, au pourtour d'un bouquet de fleurs en camaïeu.

121 — Assiette à bord contourné en ancienne faïence de Marseille, décorée au centre d'un bouquet, de volatiles et au pourtour de fleurs.

122 — Beurrier en forme de botte d'asperges, décoré au naturel. Ancienne faïence de Marseille.

123 — Assiette à bord contourné en ancienne faïence de Marseille, décorée de sujets chinois dans le goût de Pillement.

124 — Assiette en ancienne faïence de Marseille, décor polychrome à sujets chinois à petits personnages et fleurettes.

125 — Plat ovale en ancienne faïence de Marseille, à décor polychrome de sujets chinois à petits personnages et fleurettes.

126 — Deux assiettes en ancienne faïence de Marseille à bord contourné, décorée de trois bouquets de fleurs ; bordure dorée.

127 — Soupière avec son couvercle et son plateau en ancienne faïence de Moustiers, décor polychrome à bouquets de fleurs dans le goût chinois.

128 — Trois jardinières porte-bouquets en ancienne faïence de Moustiers, décor camaïeu à grotesques.

129 — Plat ovale en ancienne faïence de Moustiers, à décor polychrome, formé au centre d'un médaillon à sujet mythologique ; bordure à guirlande.

130 — Grand plat ovale en ancienne faïence de Moustiers, décor Louis XIV, en bleu dans le goût de Bérain.

131 — Plat oblong en ancienne faïence de Moustiers, décor polychrome, bouquets de fleurs.

132 — Deux assiettes, à bord contourné, en ancienne faïence de Moustiers, décor polychrome, à grotesques dans le goût chinois.

133 — Assiette en ancienne faïence de Moustiers, à décor polychrome, à grotesques dans un paysage dans le goût de Callot.

134 — Bouteille en ancienne faïence de Nevers, à décor de fleurs et d'oiseaux sur fond bleu persan.

135 — Deux salières doubles à personnages, à deux faces, en faïence de Nevers.

136 — Plateau, sur trois pieds, en ancienne faïence de Nevers ? à décor bleu.

137 — Soupière, en forme de poule couveuse, adhérente à son plateau, en ancienne faïence du Midi, décorée au naturel.

138 — Jardinière-applique en ancienne faïence du Midi.

139 — Assiette en ancienne faïence du Midi, décorée, au centre, d'un sujet à deux personnages entourés de fleurs. Bordure à semis de bouquets de fleurs, d'insectes et d'oiseaux.

140 — Pot à eau en faïence du Midi.

141 — Deux vases cache-pots en ancienne faïence du Midi.

142 — Assiette en ancienne faïence de Pont-aux-Choux, ornée de rocailles et de fleurs en relief.

143 — Théière avec son couvercle en ancienne faïence, décorée de semis de fleurettes.

144 — Plat en ancienne faïence du Midi, décoré de paysages dans des rocailles, entourées de fleurs.

145 — Deux flambeaux, de forme carrée, en faïence du Midi.

146 — Assiette en ancienne faïence de Rouen, décor polychrome de *Guillibaud* (signée). Au centre, une pagode fleurie ; au pourtour, compartiments fleuris entre quadrillages verts.

147 — Compotier en ancienne faïence de Rouen, décoré d'oiseaux dans des arabesques ; au centre, une figure d'amour.

148 — Compotier à huit pans en ancienne faïence de Rouen, décor polychrome à sujet chinois.

149 — Grande bannette en ancienne faïence de Rouen, décorée de lambrequins bleus.

150 — Petit plat en ancienne faïence de Rouen, décor polychrome ; au centre, motif composé de tourterelles sur un carquois, un arc et des fleurs. Bordure à lambrequins fleuris.

151 — Assiette en ancienne faïence de Rouen, décor polychrome, décorée, au centre, d'une palmette entourée de fleurs ; pourtour, lambrequins fleuris.

152 — Deux jardinières-appliques en ancienne faïence de Rouen.

153 — Jardinière-applique en ancienne faïence de Rouen, décor polychrome, portant au dos l'inscription : *Magdeleine Froyer 1735.*

154 — Deux lions en ancienne faïence de Rouen.

155 — Assiette en ancienne faïence de Rouen, décor bleu à lambrequins de style rayonnant ; au centre, un panier fleuri.

156 — Petit plat en ancienne faïence de Rouen, décor composé, au centre, de tourterelles sur un carquois, arcs, cornes d'abondances et fleurs. Bordure à fleurettes et lambrequins.

157 — Huit assiettes en ancienne faïence de Strasbourg, portant la marque de Hanong, décor polychrome à bouquets de fleurs.

158 — Petite soupière, avec son couvercle, en ancienne faïence de Strasbourg.

159 — Quatre assiettes variées en ancienne faïence de Strasbourg.

160 — Plat en ancienne faïence de Strasbourg, à bord contourné, portant la marque de Hanong. Décor polychrome à bouquets de fleurs.

161 — Plat oblong en ancienne faïence de Strasbourg, à bord contourné, portant la marque de Hanong, décor de bouquets de fleurs.

162 — Assiette ancienne, faïence de Haguenau, décor polychrome à bouquets de fleurs.

163 — Douze assiettes en faïence de Sceaux, décorées, au centre, d'une branche de rose; au marli, de fleurettes. Bordure peinte, imitant la vannerie.

164 — Vase forme brûle-parfums, avec son couvercle, en ancienne faïence de Sceaux, anses à têtes de béliers et corne d'abondance. Décor polychrome.

165 — Deux petites tasses et leurs soucoupes en ancienne faïence de Sceaux, décor polychrome à guirlandes de fleurs.

166 — Assiette en ancienne faïence de Lunéville, décor polychrome, formé d'un personnage dans un paysage. Bordure ornée de bouquets de fleurs.

167 — Assiette en ancienne faïence de Lunéville, décor polychrome, formé, au centre, d'un médaillon à personnages dans un paysage. Bordure ornée de fleurettes.

168 — Deux statuettes : moissonneurs et vendangeurs, en ancienne faïence de Lunéville.

169 — Soupière, avec son couvercle et son plateau, en ancienne faïence de Nidervillers, décorés d'ornements rocailles en relief, de bouquets de fleurs polychrome, et sur le couvercle d'un groupe de deux enfants.

170 — Deux groupes se faisant pendant : chasseur et jardinière, en ancienne faïence de Nidervillers; décor polychrome.

171 — Soupière oblongue, avec son couvercle, en ancienne faïence d'Aprey, décorés de volatiles dans des paysages, et de bouquets de fleurs. Le bouton du couvercle est formé d'un fruit en relief décoré au naturel.

172 — Paire de cache-pots en faïence de Sinceny, décor polychrome.

173 — Grand plat en faïence, décor polychrome : la Tentation de Saint-Antoine, d'après *Callot*; cadre en bois noir.

174 — Fontaine en forme de Bacchus, à cheval sur un tonneau, en ancienne faïence.

175 — Plat rond en ancienne faïence de Delft, à décor polychrome rehaussé d'or. Il est décoré, au centre, d'un vase orné de fleurs et, au pourtour, d'un riche lambrequin.

176 — Petit plat en ancienne faïence de Delft, décor polychrome; au centre, une gerbe de fleurs et, au pourtour, trois médaillons fleuris.

177 — Plaque en ancienne faïence de Delft, décorée en bleu d'un sujet allégorique, composé de trois figures dans un paysage. Encadrement, bordure et coquilles.

178 — Petit plat rond en ancienne faïence de Delft, décoré de fleurs dans des réserves blanches sur fond vert.

179 — Assiette en ancienne faïence de Delft, décorée d'un paysage en bleu avec personnage assis.

180 — Assiette en ancienne faïence de Delft, décorée, au centre, d'un écusson en jaune et bleu, portant l'inscription : *Harderwyr, Anno 1727*. Bordure bleue.

181 — Hanap en ancienne faïence de Delft, décor polychrome, rehaussé d'or, formé d'un lambrequin et de bordures de fleurs.

182 — Deux beurriers avec couvercle, en forme de canards, en ancienne faïence de Delft ; décor bleu.

183 — Salière, formée d'une femme assise tenant une coquille, en ancienne faïence de Delft.

184 — Salière, formée d'une figure assise sur un dauphin soutenant une coquille, en ancienne faïence de Delft.

185 — Petit pichet, avec son couvercle, en ancienne faïence de Delft, formé d'un personnage assis, décoré au naturel.

186 — Plat rond en ancienne faïence de Delft, à décor bleu, dragon au milieu de fleurs.

187 — Plat rond en ancienne faïence de Delft, à décor bleu : oiseau dans un paysage au centre. Bordure de fleurs par compartiment.

188 — Petit plat rond en ancienne faïence de Delft, décor bleu; au centre, une corbeille de fleurs et, au pourtour, un lambrequin fleuri.

189 — Assiette en ancienne faïence de Delft, décor polychrome à fleurs, dans le style chinois.

190 — Plaque en ancienne faïence de Castelli, décorée d'un paysage avec figures.

191 — Vase en ancienne faïence italienne, décoré de médaillons à personnages et fleurettes.

192 — Deux gargoulettes en ancienne faïence italienne.

193 — Deux corbeilles-jardinières en faïence italienne.

194 — Petite potiche en faïence hispano-arabe, à reflets métalliques, décorée d'un saint en prière, et ornements de fleurs.

195 — Deux tasses à thé, avec leurs soucoupes, en faïence de Gallé de Nancy. Signées.

196 — Plaque en faïence moderne, fontaine Saint-Gildas. Signée : *Noël.*

PORCELAINES DE SÈVRES, SAXE ET AUTRES

197 — Tasse droite en ancienne porcelaine de Sèvres, décorée d'arabesques entre deux bordures bleues et petit médaillon jaune.

198 — Petite tasse couverte et pot à crème en ancienne porcelaine tendre de Sèvres, décorés de médaillons de fleurs dans des paysages en réserves sur fond gros bleu.

199 — Tasse droite et sa soucoupe en ancienne porcelaine de Sèvres, décor à fleurettes.

200 — Tasse droite en ancienne porcelaine de Sèvres, décorée de bandelettes sur fond vert.

201 — Dix-sept assiettes en porcelaine de Sèvres, décorées, au centre, d'un bouquet de fleurs. Le marli à fond vert.

202 — Tasse droite et sa soucoupe en porcelaine de Sèvres, époque Louis-Philippe, à décor de bordures de fleurs.

203 — Paire de petits vases de forme Médicis, en porcelaine dorée avec médaillons à personnages. Époque Empire.

204 — Coupe en porcelaine de Sèvres, imitant les verres de Venise ; décor or.

205 — Petit cache-pot en ancienne porcelaine tendre de Saint-Cloud.

206 — Rafraîchissoir en ancienne porcelaine tendre de Chantilly, décor bleu.

207 — Une assiette en ancienne porcelaine tendre de Chantilly, décor polychrome à bouquets de fleurs. Le marli à vannerie.

208 — Deux petits pots à crème en ancienne porcelaine de Locré, décorée d'un semis de fleurettes.

209 — Deux pots à crème, avec leurs couvercles, en ancienne porcelaine tendre de Mennecy, décorés de petits bouquets de roses.

210 — Tasse droite et sa soucoupe en ancienne porcelaine, décorée de médaillons en camaïeu, représentant des paysages sur fond gros bleu, rehaussé d'or.

211 — Une jardinière en faïence d'Aprey, décor à sujet maritime et oiseaux sur fond jaune, anses à mascarons.

212 — Tasse droite et sa soucoupe en ancienne porcelaine de Niderviller, décorée de fleurettes.

213 — Aiguière et son couvercle, anse formée d'un buste de femme, en ancienne porcelaine tendre d'Orléans, décorée d'un beau bouquet de fleurs, papillons et insectes. Petite monture en argent ciselé.

214 — Pot à eau et sa cuvette en porcelaine de la manufacture du Duc d'Angoulême ; décor de bouquets de fleurs en camaïeu et dorure.

215 — Assiette en ancienne porcelaine de *Boisette*, décorée de bouquets de fleurs, bordure dorée.

216 — Groupe de quatre personnages, représentant les quatre saisons, en biscuit.

217 — Une lampe en porcelaine verte, avec anses et socle en bronze doré.

218 — Deux vases de pharmacie en porcelaine décorée.

219 — Un vase, en forme d'urne, en ancienne porcelaine de Saxe au point, décoré de guirlandes dorées, sur fond blanc.

220 — Tasse et sa soucoupe en ancienne porcelaine de Saxe, décor de fleurs à réserves sur fond vert clair.

221 — Assiette en ancienne porcelaine de Louisbourg, décorée, au centre, d'un bouquet de fleurs et, au marli, par des fleurettes entre des compartiments gaufrés.

222 — Tasse et sa soucoupe en ancienne porcelaine de Frankenthal, décorée en trompe l'œil; gravures de paysages sur fond de bois.

223 — Plat avec langouste en ancienne porcelaine de Furstemberg.

224 — Statuette : femme nue drapée, tenant une aiguière, ancienne porcelaine de Mayence.

225 — Tasse et soucoupe en ancienne porcelaine de Zurich, décorée d'oiseaux dans des paysages.

226 — Petite corbeille ajourée imitant la vannerie, de forme contournée, en porcelaine de Zurich.

227 — Petit cache-pot jardinière, avec son dessous, en biscuit de Wedgwood, fond bleu.

228 — Théière avec son couvercle et un plateau en biscuit de Wedgwood, fond bleu.

229 — Tasse droite et sa soucoupe en ancienne porcelaine de Naples, décorée de paysages avec temples en ruines; bordure à compartiments et or en relief.

PORCELAINES DE LA CHINE & DU JAPON

230 — Potiche en ancienne porcelaine de Chine, décorée de fleurs et d'oiseaux au-dessous d'un lambrequin.

231 — Potiche en ancienne porcelaine de Chine, décorée de fleurs et d'insectes.

232 — Plat rond en ancienne porcelaine de Chine, famille verte, décorée au dragon, et de paysages.

233 — Plat rond en ancienne porcelaine de Chine, décoré, au centre, de dragons et de fleurs en bleu sur blanc. Bordure bleue rehaussé d'or.

234 — Grand plat creux en ancienne porcelaine de Chine, décor à compartiment, personnages et fleurs en bleu sur fond blanc.

235 — Plat creux en ancienne porcelaine de Chine, famille verte, décoré de fleurs et de bordure.

236 — Grand vase-rouleau, avec renflement, en porcelaine de Chine, décoré de fleurs, d'ornements polychromes, sur fonds noir et jaune.

237 — Grand vase à col en porcelaine de Chine, entièrement décoré de fleurs, de réserves et de compartiments.

238 — Vase, forme balustre, en ancienne porcelaine de Chine, décor à personnages.

239 — Deux lampes, formées de deux bouteilles, en ancienne porcelaine de Chine, décorées de personnages.

240 — Paire de petites potiches, de forme balustre à quatre faces, en ancienne porcelaine de Chine, décor de personnages, arbustes et fleurs sur fond blanc.

241 — Deux petits vases en porcelaine de Chine, à décor bleu, monture Louis XIV, avec bouton en bronze ciselé et doré.

242 — Un vase rouleau, en porcelaine, genre Chine, fond violet, à décor de branchages fleuris et personnages.

243 — Trois tasses et trois soucoupes en porcelaine de Chine.

244 — Deux vases-appliques en porcelaine de Chine, décor polychrome à oiseaux et feuillages.

245 — Boîte à thé en porcelaine de Chine, décor polychrome à oiseaux et feuillages.

246 — Vase en ancienne faïence de Chine, décor polychrome ; dragons et animaux chimériques.

247 — Trois cache-pots en ancienne porcelaine de la Compagnie des Indes.

248 — Assiette en ancienne porcelaine de la Compagnie des Indes, décor polychrome, avec au centre un écusson.

249 — Tasse et sa soucoupe en ancienne porcelaine de la Compagnie des Indes, décor à fleurs.

250 — Tasse et sa soucoupe en ancienne porcelaine de la Compagnie des Indes, décor à fleurs et oiseaux.

251 — Compotier, en forme de corbeille, en ancienne porcelaine de la Compagnie des Indes.

252 — Vase en blanc de Chine à trépied, anses dragons; socle en marqueterie de nacre.

253 — Paire de vases en céladon de Chine.

254 — Statuette de divinité tenant un enfant sur un bras, en blanc de Chine.

255 — Pot à eau et sa cuvette en ancienne porcelaine de la Compagnie des Indes, décor polychrome, personnages dans des paysages et fleurs.

256 — Perroquet en ancien céladon blanc de Chine sur terrasse bleue.

257 — Vase en céladon gaufré, sous couverte.

258 — Deux grandes potiches en céladon de Chine.

259 — Plat creux en ancienne porcelaine du Japon, décor polychrome, rehaussé d'or.

260 — Deux petits cornets en ancienne porcelaine du Japon, à décor de fleurs bleues.

BRONZES D'ART ET D'AMEUBLEMENT

PENDULES

261 — Aquamanile en bronze, formée d'un lion assis; l'anse en forme de reptile. xve siècle.

262 — Petit canon en bronze, ornementé. Italie, xvie siècle.

263 — Deux petits bustes de Rousseau et de Voltaire en bronze, sur fût en marbre. Époque Louis XVI.

264 — Mortier et son pilon en bronze.

265 — Deux petits flambeaux en bronze doré. Époque Empire.

266 — *Le Fauconnier*, statuette en bronze, de *Mène*, daté 1873.

267 — Deux bustes de femmes et un buste d'homme en bronze, de *Barbedienne*.

268 — Statuette de femme en bronze : Jeune Fille à la couleuvre, de *Cumberworth*.

269 — Lion en bronze, de *A. Barye*.

270 — Chien en arrêt en bronze, de *Mène*.

271 — Oiseaux de proie sur une branche, en bronze, de *F. Pautrot*.

272 — Pendule avec son support en cul-de-lampe, Régence, en marqueterie de cuivre et d'écaille, genre Boulle, avec applications de bronze ciselé et doré.

273 — Pendule, avec son socle de l'époque Régence, en marqueterie d'écaille et de cuivre.

274 — Cartel, du temps de Louis XVI, en bronze ciselé et doré, modèle à têtes de femmes se terminant en gaîne, entourant le cadran, surmonté d'un vase enguirlandé de laurier.

275 — Pendule en bronze doré : la Serinette. Époque Empire.

276 — Pendule Empire en acajou, avec son socle.

277 — Importante garniture de cheminée, composée : d'une pendule, deux coupes et deux candélabres à deux lumières, et une galerie de foyer en argent fondu et ciselé, et en partie doré, orné de lapis-lazuli. Socle en bois d'ébène. Cette garniture a été exécutée par la maison *Fannière frères*. Elle a figuré à l'Exposition universelle de 1900.

278 — Garniture de cheminée, de style Louis XVI, en marbre blanc et bronze ciselé et doré, composée : d'une pendule et deux candélabres en forme de cassolettes à trépied surmontés d'un bouquet à trois lumières; la pendule est surmontée d'un groupe formé d'une femme et de deux amours, et repose sur un socle à consoles, agrémenté de feuillages en bronze doré. *Marquis, à Paris*.

279 — Grande garniture de cheminée en marbre et bronze, se composant d'une pendule surmontée d'une statuette de Diane de Gabie, drapée à l'antique, et de deux candélabres formés par des vases en forme de buire antique à deux anses, surmontés de bouquets de six lumières; de chez *Barbedienne.*

Hauteur de la pendule, 1 m. 5 cent.
Hauteur des candélabres, 1 m. 10 cent.

280 — Garniture de cheminée, marbre et bronze, se composant d'une pendule, de deux candélabres et de deux coupes.

281 — Deux appliques Louis XV, à deux lumières, en bronze ciselé et doré.

282 — Deux appliques, à cinq lumières, en bronze doré.

283 — Deux petites appliques Louis XV, à deux lumières, en bronze ciselé et doré.

284 — Paire de chenets, de style Louis XIV, en bronze argenté.

285 — Petit lustre hollandais, à six lumières, en cuivre, de l'époque Louis XIII.

286 — Petit lustre, à six lumières, en verre émaillé et cuivre.

287 — Suspension de salle à manger en bronze, à douze lumières, et une lampe.

288 — Lustre, à quatre lumières, en métal patiné.

SIÈGES ANCIENS ET MODERNES

289 — Deux chaises Renaissance en bois sculpté, garnies de tapisserie au point.

290 — Deux fauteuils Louis XIII en bois sculpté, garnies de tapisserie au point.

291 — Quatre chaises Louis XIII, garnies de velours brodé et bandes de tapisserie au point.

292 — Quatre fauteuils, à haut dossier Louis XIV, en bois sculpté, garni de tapisserie au point : fleurs et animaux.

293 — Fauteuil en bois sculpté, époque Louis XIV, garni de tapisserie au point.

294 — Fauteuil en bois sculpté, de l'époque de la Régence, garni de soie ancienne.

295 — Deux fauteuils, de l'époque Louis XV, en bois sculpté, garnis de tapisserie au point.

296 — Fauteuil en bois sculpté et canné, de l'époque Louis XV.

297 — Quatre chaises anciennes, Louis XVI, en bois sculpté, garnies de velours.

298 — Quatre chaises, de style Henri II, garnies de tapisserie au point, et six chaises plus petites recouvertes en cuir.

299 — Servante à étagères et tiroirs en bois sculpté, de style Louis XIII.

300 — Quatre chaises, de style Louis XIV, à haut dossier, en bois sculpté, garnies de tapisserie au point : fleurs et animaux.

301 — Banquette en bois sculpté, de style Louis XV, garnie d'étoffe ancienne.

302 — Banquette en bois, garnie de tapisserie au point.

303 — Tabouret en bois noirci à croisillon, garni de tapisserie au point.

304 — Deux fauteuils et deux chaises en bois sculpté noirci, garnis d'étoffe.

305 — Deux petits tabourets de pied, garnis d'un fragment de tapisserie au point.

306 — Un grand pouff en bois sculpté à croisillon, garni de tapisserie à pavots.

307 — Quatre chaises légères en bois noirci incrusté d'os, garnies d'étoffe brochée.

308 — Deux chaises-chauffeuses en velours vert, avec bande de tapisserie au point.

309 — Deux chaises-chauffeuses en satin noir, garnies chacune d'une bande de tapisserie au point.

310 — Trois escabots d'antichambre en bois sculpté.

311 — Un tabouret de piano en palissandre.

MEUBLES ANCIENS ET MODERNES

312 — Grand coffre en bois sculpté, décoré d'entrelacs d'ogives du xve siècle.

313 — Stalle en bois sculpté de la fin du xvie siècle.

314 — Petit coffre en bois sculpté de la Renaissance.

315 — Grand cabinet, de l'époque Louis XIII, en ébène, avec applications de bronze doré. L'intérieur s'ouvre à une porte et huit tiroirs décorés de peintures à sujets mythologiques. Il repose sur une console à quatre colonnes en ébène avec applications de bronze doré.

316 — Coffre en bois avec moulures. Époque Louis XIII.

317 — Boîte à ouvrage, de l'époque Louis XIII, en écaille avec applications de bronze doré.

318 — Belle armoire normande, de l'époque Louis XIV, en bois finement sculpté.

319 — Deux consoles-supports en bois sculpté et doré, de l'époque Louis XIV.

320 — Deux petites consoles en bois doré. Époque Louis XIV.

321 — Encoignure en bois de palissandre de l'époque Louis XIV; dessus de marbre.

322 — Malle garnie de tapisserie au point, époque Louis XIV; socle en bois sculpté.

323 — Buffet à deux corps, de l'époque de la Régence, en chêne sculpté, couronné d'une corniche moulurée. Le bas ouvrant à deux portes encadrées de moulures, avec un coin arrondi et ornements. La partie supérieure ouvrant également à deux portes formées de panneaux richement sculptés.

Haut., 2 m. 80 cent.; larg., 1 m. 40 cent.

324 — Autre buffet à deux corps de l'époque de la Régence. Le haut surmonté d'une corniche cintrée, décorée d'ornements à coquilles. Les quatre portes sont ornées de moulures et d'ornements sculptés.

Haut., 2 m. 50 cent. ; larg., 1 m. 25 cent.

325 — Commode, de l'époque de la Régence, en bois de placage, à trois tiroirs de forme ventrue, ornée de bronzes, tels que : chutes, entrées de serrures, poignées, tablier et sabots ; dessus de marbre.

326 — Un écran en bois sculpté, avec feuille en velours rouge ancien. Époque Régence.

327 — Poudreuse, du temps de Louis XV, en bois de violette et marqueterie de fleurs, ouvrant à quatre tiroirs et tablette ; entrées de serrures et sabots en bronze doré.

328 — Commode en bois de rose et palissandre, de l'époque de Louis XV, dessus de marbre.

329 — Meuble-secrétaire, de l'époque Louis XVI, en acajou, avec couronnement, orné d'une galerie à balustres ; l'abattant est accoté de deux colonnes dégagées avec chapiteaux et bases en bronze doré ; il est orné à l'intérieur de petites colonnettes et d'anneaux ; à l'extérieur, d'entrées de serrures et d'anneaux en bronze ciselé et doré.

330 — Secrétaire, de l'époque Louis XVI, disposé en chiffonnier à sept tiroirs, en bois de rose, dessus de marbre.

331 — Grande commode en bois de rose et palissandre, dessus de marbre blanc. Époque Louis XVI.

332 — Table de nuit, de l'époque Louis XVI, de forme ovale, en acajou, ouvrant à une porte à coulisse. Tablette d'entre-jambe, dessus de marbre blanc entouré d'une galerie.

333 — Meuble-chiffonnier, de l'époque Louis XVI, à sept tiroirs, en bois sculpté, dessus de marbre de couleur.

334 — Petite table à ouvrage, formant bureau avec pieds en X, bois de placage et plaquée intérieurement de citronnier. Époque de la Restauration.

335 — Meuble-cabinet en bois d'ébène incrusté d'os garni de petits bronzes dorés reposant sur une table à quatre pieds et traverse-torse. Style Louis XIII.

336 — Un paravent, de style Louis XIV, en bois sculpté, feuille en tapisserie.

337 — Écran en bois sculpté, de style Louis XIV, feuille en damas rouge.

338 — Cheminée monumentale en bois sculpté, de style Régence. La tablette de cheminée reposant sur deux consoles. La partie supérieure se compose de deux montants avec panneaux, moulures et ornements, et d'une console supportant la corniche.

Haut., 3 m. 10 cent. ; larg., 2 mètres.

339 — Grand lit, de style Louis XVI, en palissandre, orné de frises, chutes, encadrements, etc., en bronze doré.

340 — Une console, de style Louis XVI, de forme demi-lune, à quatre pieds avec croisillon, en bois sculpté, dessus de marbre des Pyrénées.

341 — Table, de style Louis XVI, en bois sculpté, dessus de marbre des Pyrénées.

342 — Petite table à ouvrage, de style Louis XVI, à trois tiroirs, en bois sculpté.

343 — Petite table-étagère à deux tablettes, de style Louis XVI.

344 — Meuble d'entre-deux, ouvrant à deux portes, et deux tiroirs en ébène, incrusté d'os.

345 — Petite table-console en bois de palissandre ornée de bronzes, dessus de marbre blanc.

346 — Vitrine à deux corps en bois d'ébène incrusté d'ivoire, le haut ouvrant à une porte vitrée, le bas ouvrant à porte pleine avec médaillon d'ivoire.

347 — Grande bibliothèque à trois corps, ouvrant à cinq portes, en ébène incrusté d'ivoire.

348 — Table de salle à manger, à rallonges, en bois sculpté, de style Renaissance.

349 — Haut coffret en laque du Japon.

350 — Deux tables de nuit en bois de rose et de palissandre, intérieur et dessus en marbre de couleur.

351 — Deux socles formés de griffons ailés en bois sculpté noirci.

352 — Petite table à ouvrage à quatre colonnettes et traverses.

353 — Coffre en bois, avec ferrures ornementées.

354 — Meuble crédence à deux corps en bois sculpté, ouvrant à deux portes, avec deux tiroirs dans la ceinture.

355 — Coffret à bois, garni de velours et de bandes de tapisseries au point.

356 — Petite table en ébène incrusté d'os, à deux tiroirs, pieds cannelés à entrejambes.

357 — Colonne torse en chêne.

358 — Deux tables recouvertes en peluche rouge, dessus de tapisserie au point.

359 — Un piano de Burckhardt.

BRONZES ET OBJETS D'ART
DE L'EXTRÊME-ORIENT

360 — Vase en bronze chinois, en forme de brûle-parfums, richement orné d'animaux chimériques, et le couvercle d'une figure. Pied en bois de fer.

361 — Deux petits canons en bronze chinois.

362 — Statuette d'un personnage de la noblesse chinoise, en bronze doré ancien.

Haut., 58 cent.

363 — Dix figurines environ en bois et terre cuite. Travail chinois.

364 — Divinité chinoise en terre cuite peinte.

365 — Petite pagode en bois sculpté, avec figures. Travail chinois.

366 — Divinité accroupie chinoise en pierre de lard.

367 — Quinze figurines et groupes en pierre de lard et marbre. Travail de l'Extrême-Orient.

368 — Deux groupes d'animaux en grès de Chine, émaillés rouge. Socle en bois de fer.

369 — Personnage grotesque, tenant un griffon, en bronze chinois, avec socle reposant sur quatre boules dorées.

370 — Bronze chinois ancien, sur socle en marbre rouge, représentant une divinité.

371 — Divinité assise en bronze chinois, sur socle en marbre noir.

372 — Deux petits vases en bronze du Japon ; anses formées d'oiseaux et d'animaux.

373 — Paire de petits vases en bronze du Japon.

374 — Deux vases en bronze du Japon, de forme carrée, à pans coupés, avec applications de bronzes dorés.

375 — Figurine en bronze du Japon.

376 — Coupe en bronze du Japon.

377 — Deux paires de bougeoirs, formés d'un oiseau exotique sur une tortue, en bronze du Japon.

378 — Quatre vases à anses, de formes diverses, en bronze du Japon.

379 — Vase cylindre en bronze japonais ; décor d'arbustes en relief.

380 — Kakémono.

381 — Grande aiguière et son plateau en bronze argenté. Travail oriental.

382 — Deux potiches en cuivre gravé. Travail oriental.

383 — Support chinois en bois laqué et incrusté de nacre.

384 — Plaque, représentant la Vierge et l'Enfant Jésus, en cuivre gravé et émaillé. Travail oriental.

385 — Aiguière en bronze. Travail oriental.

386 — Deux grands vases en bronze Extrême-Orient, formant brûle-parfums, ornés de feuillages, fleurs et animaux fantastiques.

387 — Deux petits vases en bronze de l'Extrême-Orient.

388 — Trois vases en bronze Extrême-Orient.

389 — Jardinière en bronze Extrême-Orient.

390 — Trois divinités chinoises en bois sculpté peint et doré.

391 — Deux statuettes en pierre de lard, sculptée et gravée : Chinois et Chinoise, sur piédestaux de même matière.

392 — Figure de personnage chinois debout, en pierre de lard.

393 — Personnage chinois grotesque en pierre de lard verte.

394 — Figure de martyr chinois assis, en terre cuite ancienne.

395 — Groupe formé d'un Chinois en pierre de lard, sur un animal chimérique.

396 — Vase porte-fleurs, formant tronc d'arbre ; au pied, réunion de personnages chinois, en grès émaillé.

397 — Six panneaux chinois en bois laqué, ornés de plaques en porcelaine.

398 — Album de dessins chinois : sujets de paysages avec habitations et personnages.

399 — Plateau en bois, incrusté de nacre. Travail chinois.

400 — Statuette en ivoire de femme japonnaise, tenant un chien dans ses bras.

401 — Étagère à tiroirs en bois sculpté japonnais.

402 — Deux panneaux en laque du Japon, incrustés de nacre.

403 — Un bol en ivoire japonais.

404 — Jardinière, de forme carrée, en ivoire sculpté et ajouré, contenant un tronc d'arbre sur lequel sont posés neuf oiseaux exotiques empaillés. Travail de l'Extrême-Orient.

405 — Boîte à jetons cylindrique en bois, incrusté de nacre. Extrême-Orient.

406 — Lot de poupées indiennes.

407 — Divinité indoue en terre cuite.

408 — Divinité indienne en bois sculpté et doré dans sa gaîne.

409 — Divinité indienne en bois sculpté doré dans sa gaine en laque, agrémentée de bronzes ciselés. Travail ancien indien.

410 — Petit miroir avec cadre en bois de fer.

411 — Deux petits vases et deux petites coupes couvertes, en cloisonné moderne.

412 — Lot de figurines de Perse.

413 — Éléphant sur socle en marbre tendre. Travail indien.

414 — Vase persan en cuivre gravé.

OBJETS DIVERS

415 — Petite statuette de femme en bronze antique.

416 — Petit sarcophage en marbre blanc sculpté. Travail antique.

417 — Groupe de deux personnages en bois sculpté. Époque gothique.

418 — Coffret en fer découpé, s'ouvrant à abattant, du XVIe siècle.

419 — Petite broderie d'or et de soie représentant un Saint. XVIe siècle.

420 — Petit coffret à bijoux en fer, ouvrant à secret. Époque Louis XIII.

421 — Paire de flambeaux, à deux branches, en cuivre argenté. Époque Louis XIII.

422 — Grand peigne de coiffure en écaille, de l'époque Louis XIII.

423 — Griffon en grès émaillé. Suisse, XVIIe siècle.

424 — Groupe en terre cuite : figure d'homme personnifiant un fleuve. Époque Louis XIV. Socle en marbre bleu turquin.

425 — Cadre Louis XIV en bois sculpté, contenant une broderie.

426 — Deux petits bougeoirs en bronze, de forme rocaille, de l'époque Louis XV.

427 — Huilier en bronze ciselé et doré, du temps de l'Empire. Le plateau en cristal taillé, et burettes en verre peint et doré. Époque Louis XVI.

428 — Deux flambeaux Empire en bronze argenté.

429 — Deux statuettes d'hommes en bois sculpté.

430 — Petite Vierge et Enfant Jésus : statuette en bois sculpté.

431 — Écureuil en bronze, sur socle en marbre.

432 — Deux petits bronzes : Henri IV et Sully ; sur socles en marbre bleu turquin.

433 — Terre cuite : femme nue sur un rocher. Signée : *A. Fragonard.*

434 — Gargoulette en grès émaillé vert.

435 — Miroir, avec cadre, en ébène, garni de lapis-lazuli.

436 — Grande glace, avec cadre, en bois d'ébène sculpté.

437 — Grande glace, avec encadrement, en bois d'ébène sculpté.

438 — Glace, cadre en bois sculpté et doré, de l'époque Louis XIV.

439 — Paire de cassolettes en porcelaine décorée de fleurs ; monture en bronze ciselé et doré, reposant sur un socle en marbre, à trois pieds, en bronze doré.

440 — Paire de vases brûle-parfums, en forme de cassolettes, en porcelaine décorée de bouquets de fleurs ; monture en bronze ciselé et doré.

441 — Bonbonnière en émail, décor de rocaille, personnages et fleurs.

442 — Vase en émail, avec son couvercle, décoré de bouquets de fleurs et d'or, sur fond jaune.

443 — Deux coffrets en marqueterie, dite de Boulle.

444 — Coffret en bois laqué.

445 — Boîte à jetons en laque, avec garniture de jetons en nacre.

446 — Deux coffrets et deux plateaux en bois incrusté de nacre.

447 — Deux socles, dont un en bois de fer.

448 — Deux grands panneaux et deux petits en bois incrusté de nacre.

449 — Panneau en bois laqué, avec incrustations.

450 — Deux petits éléphants en bois.

451 — Jardinière en cuivre, à deux anses.

452 — Jardinière en cuivre repoussé, à deux anses mascarons.

453 — Vase en cuivre repoussé Louis XIII.

454 — Lampe romaine en cuivre.

455 — Deux médailles relatives au siège de la Bastille.

456 — Deux poissons : l'un en cristal et l'autre en porcelaine.

457 — Deux bustes d'hommes en terre cuite, sur socle en marbre bleu turquin.

458 — Devant de cheminée en tôle repoussée et dorée, appliquée sur de la toile métallique.

459 — Grand plat en cuivre repoussé.

460 — Lampe juive formant suspension.

461 — Une paire de flambeaux en fer.

462 — Grande gourde en terre émaillée et vernissée, à deux anses en forme de lézards, décorée de deux enfants en relief de chaque côté, d'un cœur enflammé, avec inscription au pourtour.

463 — Deux cruches en grès allemand, avec couvercles en étain. XVIIe siècle.

464 — Trois grandes coupes à fruits, en cristal gravé, formées chacune d'un dauphin supportant le plateau.

465 — Un pichet à anses, en étain, avec son couvercle.

466 — Coupe en marbre et bronze émaillé, anses à mascarons, forme antique.

467 — Lot de cornes en ivoire.

468 — Instrument de musique en bois, à corde, en forme de crocodile.

469 — Une mandoline ancienne.

470 — Deux chandeliers en cristal, formés d'une colonne torse.

471 — Deux miniatures orientales, portraits de femmes dans des cadres en bronze japonais, en partie dorés.

472 — Encrier en bronze, le couvercle est formé d'un enfant assis.

473 — Un coffret en cuivre gravé, orné de plaques émaillées.

474 — Vase porte-bouquet en cristal, monture en bronze doré.

475 — Une écrevisse, un presse-papier, formé d'une grenouille sur une feuille, et un encrier en bronze.

476 — Garniture de foyer en cuivre.

477 — Un lot de petits objets divers, vingt-huit pièces environ ; presse-papier en marbre et bronze, encriers, petit chandelier, hotte, coupe, sonnette, pelles, cachets en bronze ; chien, chat, rat, quatre personnages grotesques en fonte ; flacon à sels, boîte en bois sculpté, un lot de médailles, etc... (Sera divisé.)

478 — Pelote à épingles en tapisserie au point, petit tapis en soie brodée, deux éventails en soie, étoffes diverses. (Sera divisé.)

479 — Porte-pelles et pincettes avec ses accessoires en cuivre.

480 — Un lot d'éventails et de montures. (Sera divisé.)

481 — Lot de verrerie ancienne.

482 — Deux verres Venise et Bohème.

ARMES

483 — Cinq fusils de chasse à deux coups. (Sera divisé.)

484 — Lot d'armes orientales. (Sera divisé.)

485 — Lot d'armes, sabres, épées, fusils, etc. (Sera divisé.)

486 — Bouclier en fer repoussé, de forme circulaire, représentant un combat, encadré d'une frise de personnages, animaux et feuillages.

487 — Bouclier et chef en fer damasquiné d'or; travail oriental.

488 — Un poignard et un sabre japonais en ivoire, sculpté et gravé.

489 — Fusil arabe, monture en argent ciselé.

TAPISSERIES, TENTURES, DENTELLES
TAPIS, ÉTOFFES

490 — Tapisserie ancienne, fin du XVe siècle, à grands ramages de verdure, sur fond damassé.

491 — Petite tapisserie au point, représentant au centre une composition de plusieurs personnages au milieu d'arabesques et de rinceaux. XVIe siècle.

492 — Deux bandes en broderie, à fond d'or, représentant chacune trois personnages. XVIe siècle.

493 — Tapis de table en tapisserie, feuillages et fleurs à grands ramages. Époque Louis XIII.

494 — Autre tapis de table, tapisserie au point encadré de franges.

495 — Tableau en tapisserie, au point de Saint-Cyr, Louis XIII. Encadrement Louis XVI en bois sculpté et doré.

496 — Deux tapisseries, sujet pastoral dans des verdures, encadrements, feuillages et fleurs. Époque Louis XIV. (Une des tapisseries forme deux portières.)

Hauteurs, 2 m. 60 cent.
Largeurs, 2 m. 90 cent., et 3 m. 90 cent.

497 — Encadrement en tapisserie ancienne d'Aubusson, simulant un cadre, agrémenté d'arcs, carquois, fleurs, fruits.

Haut., 3 mètres; larg., 2 m. 43 cent.

498 — Huit portières et quatre rideaux de fenêtres, six bandeaux de fenêtres et de portes, et un bandeau de cheminée avec deux petits rideaux en velours cramoisi et bandes de tapisserie au point.

499 — Cinq portières et trois bandeaux en velours de couleur, lie de vin, et bandes de tapisserie au point.

500 — Tapis de table en tapisserie au point, au centre un écusson en broderie d'or.

501 — Quatre portières en tapisserie au point, à rinceaux et grands ramages, de style Louis XIII.

502 — Bandeau formé d'une bande de tapisserie, fleurs et rinceaux.

Long., 3 m. 50 cent.

503 — Bandeau de cheminée en soie brodée.

504 — Devant de cheminée en tapisserie au point.

505 — Cinq dessus de sièges et différents dessus de tables en étoffes brodées.

506 — Feuille d'écran en crêpe de Chine vert, brodé de fleurs en soie et or et d'un éventail ; encadrement en velours vert.

507 — Deux petits rideaux en soie, brodée de fleurs.

508 — Un châle en cachemire de l'Inde.

509 — Portière chinoise en soie brodée d'or.

510 — Paire de rideaux en damas rouge.

511 — Trois garnitures de fenêtres en reps vert, avec leur galerie en chêne.

512 — Fort lot de dentelles anciennes. (Sera divisé.)

513 — Tapis de Smyrne.

Long., 3 m. 30 cent. ; larg., 2 m. 55 cent.

514 — Grande carpette en moquette.

515 — Petite carpette orientale ; tapis divers.

516 — Petite carpette en moquette.

517 — Deux carpettes en moquette.

518 — Lot de coussins garnis en soie.

519 — Quatre peaux de léopards, une peau de tigre et une peau de singe.

520 — Une peau d'ours blanc.

521 — Un lot d'étoffes, dessus de lit en soie brochée de Chine, etc.

LIVRES

522 — Nombreux livres : Dictionnaire Larousse ; Dictionnaire de l'ameublement et de décoration, par Henri Havard, en quatre volumes ; Romans classiques et autres, etc., etc.

Nota. — Les meubles courants et la cave seront vendus ultérieurement.

www.ingramcontent.com/pod-product-compliance
Ingram Content Group UK Ltd.
Pitfield, Milton Keynes, MK11 3LW, UK
UKHW020512180726
13839UKWH00005B/2034